Querido lector:

En 2012, mi familia y yo fuimos de vacaciones de verano a Montana, Wyoming, y a Dakota del Sur. Una de nuestras paradas fue el Parque Nacional Yellowstone. Recorriendo el parque, me asombraron los impresionantes géiseres, las borboteantes ollas de lodo y las coloridas fuentes termales. Siendo maestra de escuela primaria, cuando descubrí que estos sitios increíbles fueron creados por el volcán que se encuentra debajo del parque, supe que tenía que compartir estas maravillas con mis estudiantes.

Ese año, transformé mi aula en una versión miniatura de Yellowstone y sumergí a mis estudiantes en una experiencia llena de libros, videos y proyectos que giraban en torno al parque. Este era un método nuevo de enseñanza para mí que, al motivarlos y haciéndolos participar, encendió un fuego en mis estudiantes. Ahora que me he jubilado, tengo el privilegio de poder compartir las maravillas de Yellowstone contigo.

Disfruta aprendiendo sobre las impresionantes fuentes de agua termal, los animales, las plantas y por supuesto, sobre el supervolcán de Yellowstone. Espero que al final de este libro te sumes al compromiso de ser un guardián, no solo de Yellowstone, sino de nuestro hermoso planeta. El mundo necesita más superhéroes, que reivindiquen la necesidad de mantener nuestro medio ambiente limpio, de proteger nuestros animales y de preservar nuestro planeta para las futuras generaciones.

Suzanne Jacobs Lipshaw

El super volcán: Un héroe oculto debajo del Parque Nacional de Yellowstone
Paperback first edition · May 2025 · ISBN: 978-1-958629-79-6
eBook first edition · May 2025 · ISBN: 978-1-958629-80-2

Written by Suzanne Jacobs Lipshaw, Text © 2024
Illustrated by Brie Schmida, Illustrations © 2024

Project Manager, Cover and Book Design: Hannah Thelen, Washington, D.C.
Editors: Caitlin Burnham, Washington, D.C.
          Violet Antonick, Washington, D.C.
Editorial Assistants:
          Brooke McGurl
          Jordan Roller
          Marlee Brooks
Translation by: Andrea Batista
Spanish-language consultants:
          Ali Trujillo
          Sofía Ramírez

Originally released in English as The Super Volcano: A Hidden Hero Below Yellowstone National Park
English hardcover first edition · November 2024 · ISBN: 978-1-958629-57-4
English paperback first edition · May 2025 · ISBN: 978-1-958629-78-9
English eBook first edition · November 2024 · ISBN: 978-1-958629-58-1

Teacher's Guide available at the Educational Resources page of ScienceNaturally.com.

Published by:
Science, Naturally! - An imprint of Platypus Media, LLC
    750 First Street NE, Suite 700
    Washington, DC 20002
    202-465-4798
    Info@ScienceNaturally.com · ScienceNaturally.com

Distributed to the book trade by:
    Baker & Taylor Publisher Services (North America)
    Toll-free: (888) 814 0208
    Orders@BTPubServices.com · BTPubServices.com

Library of Congress Control Number: 2024935657

10 9 8 7 6 5 4 3 2 1

Printed in China.

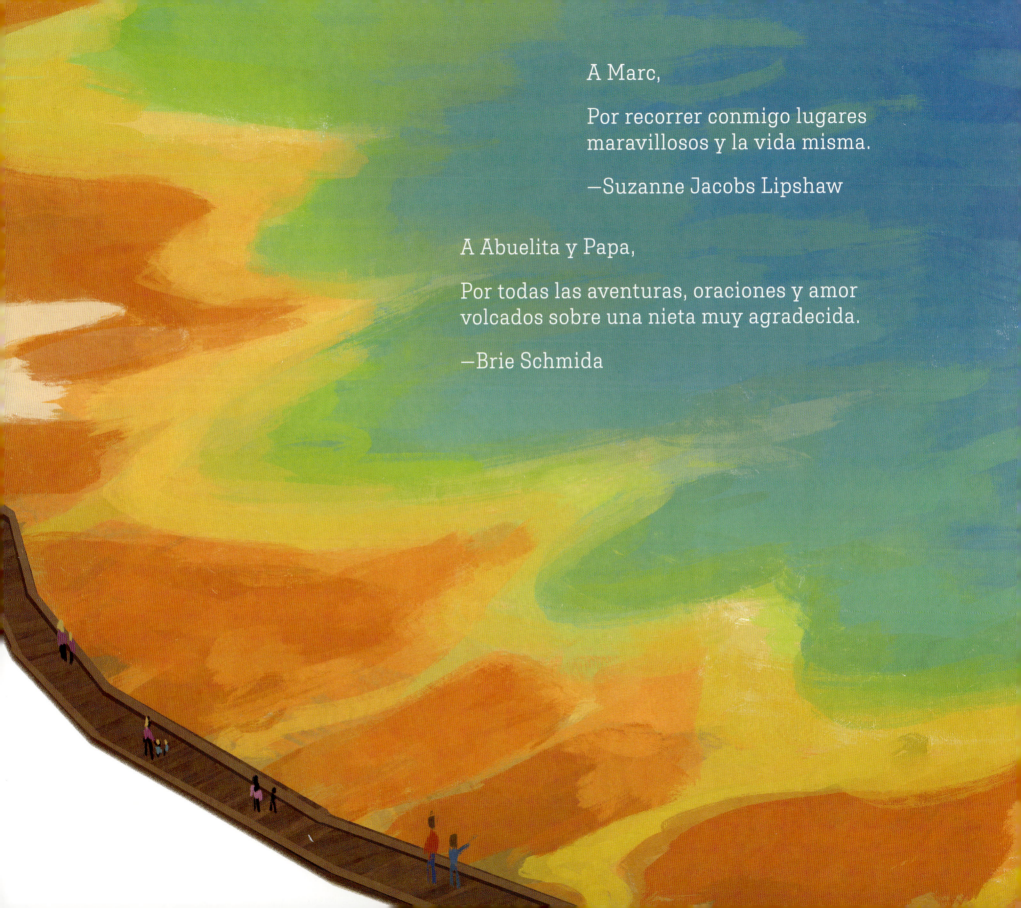

A Marc,

Por recorrer conmigo lugares
maravillosos y la vida misma.

—Suzanne Jacobs Lipshaw

A Abuelita y Papa,

Por todas las aventuras, oraciones y amor
volcados sobre una nieta muy agradecida.

—Brie Schmida

EL SUPER VOLCÁN

UN HÉROE OCULTO DEBAJO DEL PARQUE NACIONAL DE YELLOWSTONE

POR SUZANNE JACOBS LIPSHAW

ILUSTRADO POR BRIE SCHMIDA

Science, Naturally!
Un sello de Platypus Media, LLC
Washington, D.C.

¿SUS PODERES?

ESPECTÁCULOS DE AGUA!

Yellowstone ofrece la mayor colección de **formaciones hidrotermales** de la Tierra. Los **géiseres**, **fuentes termales**, **ollas de lodo** y **fumarolas** de Yellowstone, creados casi artísticamente por la lluvia y la nieve sobrecalentada por la ardiente roca que hay debajo, fascinan a los visitantes del parque todo el año.

LAS GRANDES HAZAÑAS DEL HÉROE INCLUYEN...

GÉISERES QUE ARROJAN AGUA A CIENTOS DE PIES EN EL AIRE...

¡GUUSH!

Debajo de Yellowstone hay una red de grietas que funcionan como un sistema de tuberías. El agua caliente sube a través de estas grietas y a veces queda atascada por un tapón rocoso. Cuando la presión se acumula, el agua estalla abriendo el tapón, brotando en una torre de agua hirviente y vapor sofocante.

GLUP!

Las ollas de lodo se forman cuando el agua se mezcla con *ácido sulfúrico* debajo de la tierra. Esta mezcla descompone las rocas, convirtiéndolas en un charco lodoso de arcilla. Cuando se escapan vapor y gases, las ollas de lodo burbujean y eructan. Como el sulfuro huele a huevo podrido, las ollas de lodo son los lugares con el olor más apestoso del parque.

A las fumarolas se las llama también géiseres secos, porque casi no tienen agua debajo de ellas. La poca agua que hay hierve por el intenso calor, transformándose en vapor. El vapor hirviente luego se abre paso por el sistema de tuberías de la fumarola, hasta salir disparadohacia la formación hidrotermal más caliente en Yellowstone.

HISSS!

HISSS!

Las fuentes termales son acumulaciones de agua caliente que se eleva fácilmente entre las grietas subterráneas de Yellowstone. Son la formación *termal* más común, y pueden ser de color azul brillante o tener una paleta de anillos de colores. Aunque parezcan muy refrescantes, ¡las fuentes termales de Yellowstone son demasiado calientes como para nadar!

¡SUPERVOLCÁN YELLOWSTONE!

El Parque Nacional de Yellowstone se encuentra sobre un volcán inactivo gigante.

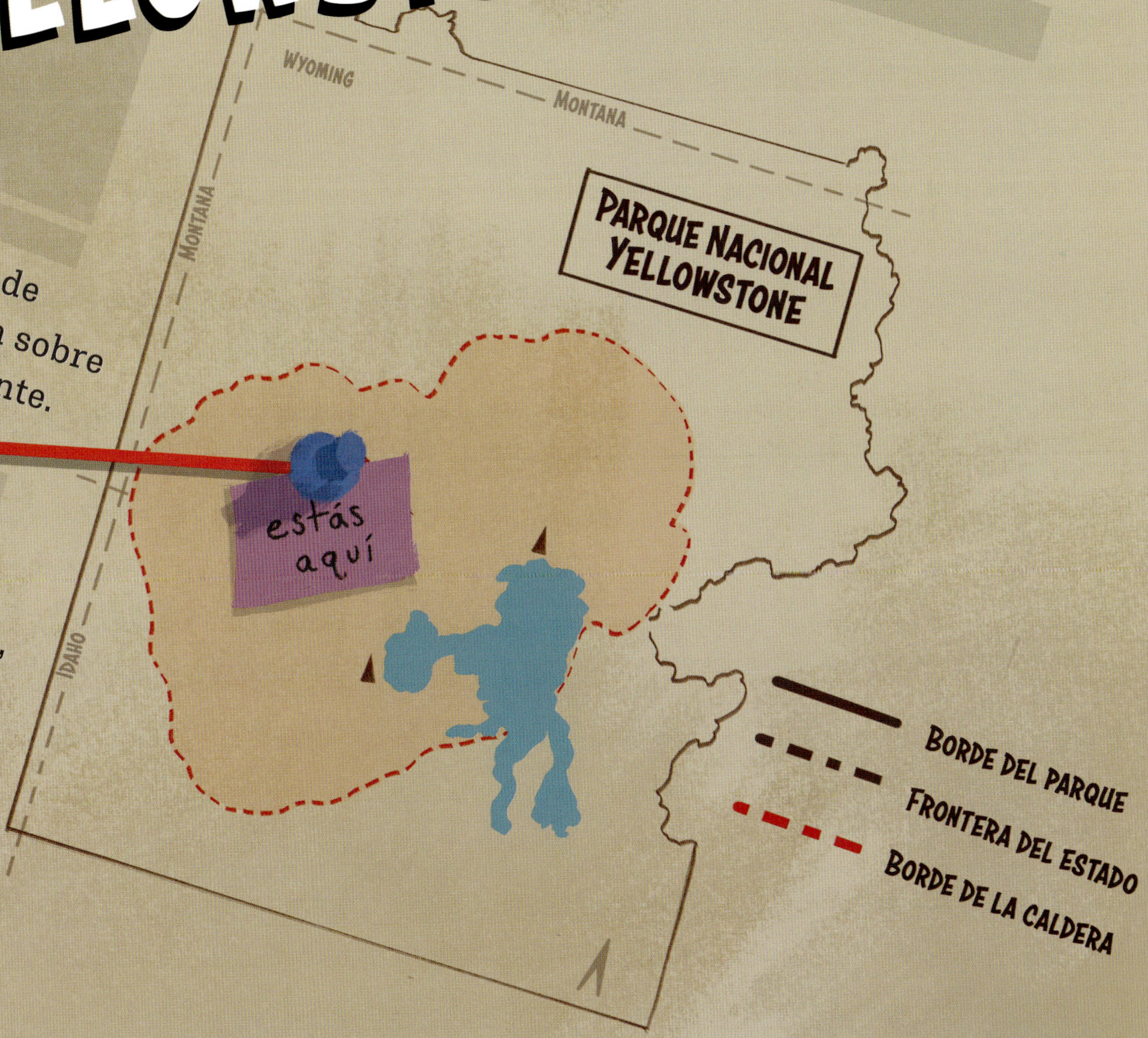

A diferencia de otros volcanes, el supervolcán de Yellowstone no se puede ver, ni siquiera desde arriba. Hace unos 631,000 años, una gigantesca erupción hizo que el volcán colapsara sobre sí mismo, creando un cráter enorme conocido como la Caldera Yellowstone.

WYOMING

MONTANA

MONTANA

IDAHO

PARQUE NACIONAL YELLOWSTONE

estás aquí

BORDE DEL PARQUE
FRONTERA DEL ESTADO
BORDE DE LA CALDERA

¿DE DÓNDE OBTIENE SUS PODERES?

DEL MAGMA INCANDESCENTE QUE

SALPICA Y BORBOTEA

COMO UN ESTOFADO COCINÁNDOSE EN LAS PROFUNDIDADES DE YELLOWSTONE.

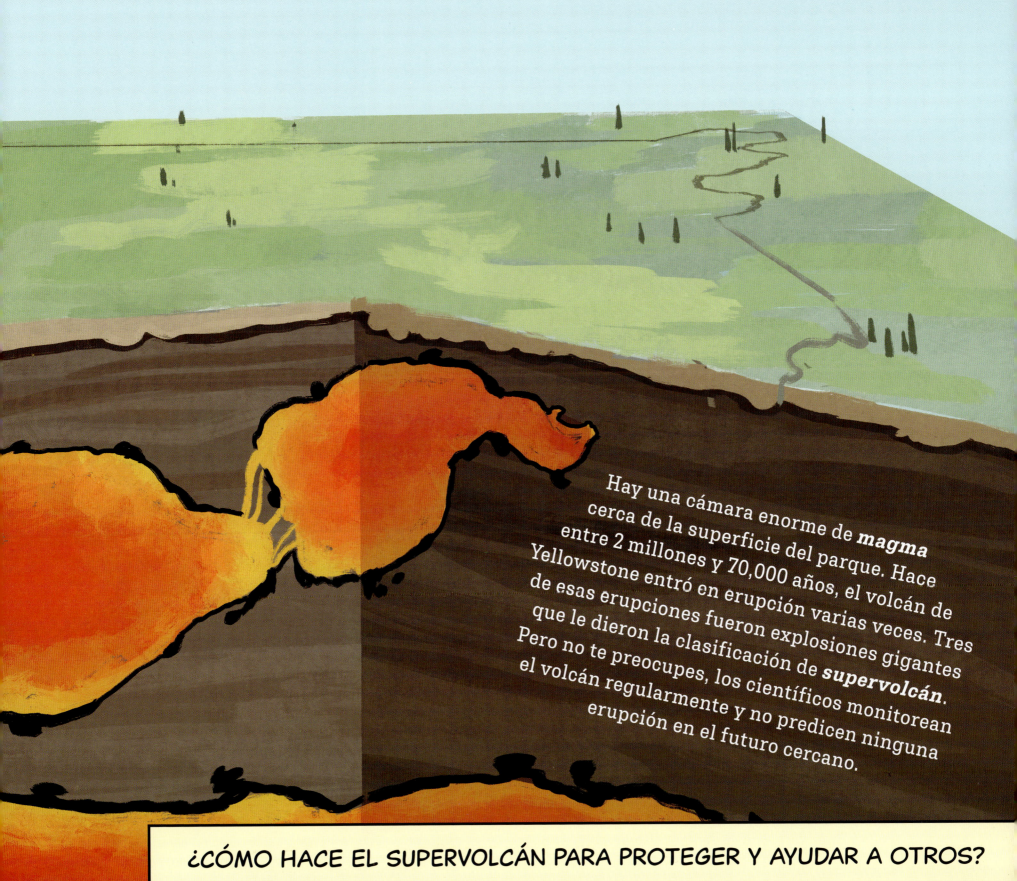

Hay una cámara enorme de **magma** cerca de la superficie del parque. Hace entre 2 millones y 70,000 años, el volcán de Yellowstone entró en erupción varias veces. Tres de esas erupciones fueron explosiones gigantes que le dieron la clasificación de **supervolcán**. Pero no te preocupes, los científicos monitorean el volcán regularmente y no predicen ninguna erupción en el futuro cercano.

¿CÓMO HACE EL SUPERVOLCÁN PARA PROTEGER Y AYUDAR A OTROS?

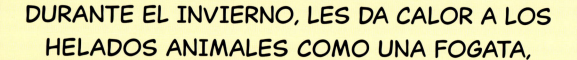

DURANTE EL INVIERNO, LES DA CALOR A LOS HELADOS ANIMALES COMO UNA FOGATA,

En búsqueda de comida, los bisontes pueden surcar la nieve usando sus cabezas. Pero cuanta más nieve cae, más difícil les resulta despejar la nieve apilada. El bisonte helado entonces se une a los ciervos y a los alces cerca de las fuentes hidrotermales para mantenerse calentitos.

¡ÑAM!

ALIMENTA A LOS HAMBRIENTOS HERBÍVOROS DEJANDO AL DESCUBIERTO LA HIERBA OCULTA BAJO LA NIEVE,

22

Plantas únicas en Yellowstone, como el bentgrass de Ross y la abronia, prosperan en el hábitat tropical creado por el supervolcán. Atraídas por el suelo caliente y delgado que rodea los lagos de Yellowstone y las fuentes termales, crecen fuertes y robustas.

Y DA HUMEDAD Y CALOR A LAS PLANTAS COMO UN INVERNADERO NATURAL.

EL SUPERVOLCÁN ES EL ARQUITECTO DE UNA CARRETERA SIN HIELO PARA QUE LOS CISNES PUEDAN ALZAR VUELO EN EL INVIERNO,

¡SWISSSH!

Y EL INGENIERO DEL HOYO DE PESCA PARA QUE LAS AVES SE ZAMBULLAN BUSCANDO COMIDA.

¡PLANK!

Yellowstone es conocido por los largos inviernos con temperaturas heladas y nieve profunda. Afortunadamente, el supervolcán evita que algunas secciones de los lagos y ríos del parque se congelen, ofreciéndoles a los cisnes trompeteros, águilas y otras aves hambrientas un lugar para alimentarse durante todo el año.

No todos los animales sobreviven el duro invierno.
Cuando llega la primavera, los hambrientos osos
negros y pardos emergen de la *hibernación* y
se dirigen hacia las áreas termales para
disfrutar de una sabrosa barbacoa.

¡YAM!

26

Y CREA UNA NEBULOSA ALFOMBRA PARA QUE LAS ARAÑAS LA ATRAVIESEN RÁPIDAMENTE Y DEVOREN MOSCAS DURANTE TODO EL AÑO.

Las moscas efídridas se reúnen en grandes números para alimentarse de las capas de bacterias y algas que se forman en las fuentes termales. Las tarántulas vecinas corretean sobre estas capas para atrapar y engullir las moscas.

EL SUPERVOLCÁN ES EL ARTISTA QUE PINTA DE COLORES CADA FUENTE TERMAL...

Pequeños organismos llamados **termófilos** se desarrollan en el calor extremo de las fuentes termales de Yellowstone. Son tan pequeños que necesitarías un microscopio para verlos. Los varios tipos y colores de termófilos viven a diferentes temperaturas del agua. Los diferentes tipos se agrupan en anillos, dando forma a un arco iris de color vibrante.

La historia de Yellowstone

Situado sobre el sistema volcánico más grande de América del Norte se encuentra un tesoro nacional: el Parque Nacional Yellowstone.

Aproximadamente hace 2 millones de años, el punto caliente del volcán que ahora llamamos supervolcán Yellowstone estalló, perdiendo su punta. Volvió a explotar hace unos 1.3 millones de años y por tercera vez hace 631,000 años.

La mayoría de los volcanes erupcionan desde montañas con forma de cono, pero no es el caso del supervolcán Yellowstone. Cada vez que entró en erupción, se colapsó sobre sí mismo, creando un gran cráter volcánico llamado *caldera*.

La Caldera de Yellowstone tiene 1,500 millas cuadradas (3,880 kilómetros cuadrados). Se encuentra, en su mayor parte en Wyoming, pero también en Montana e Idaho. Aunque el supervolcán de Yellowstone es un volcán *inactivo* en la actualidad (un volcán que duerme), la cámara de magma que tiene por debajo se mantiene siempre agitada.

Hoy en día, hay dos áreas llamadas *domos resurgentes* que están siendo empujadas hacia arriba por el magma que se mueve por debajo. El magma en movimiento y el continuo calor de la cámara son la fuerza detrás del esplendor de Yellowstone.

Por al menos 11,000 años antes de convertirse en un parque nacional, las tribus originarias como los Pies negros, los Cuervos, los Nez percé, Bannoch y Shoshone pescaron, cazaron y recolectaron plantas sobre la tierra que hoy llamamos Yellowstone.

Ellos también minaron la obsidiana, un vidrio volcánico formado cuando la lava se enfría rápidamente. Los **pueblos originarios** solían hacer herramientas, puntas de flechas y cuchillas afiladas para lanzas y cuchillos.

También se les atribuye a estas tribus el haberle dado el nombre a esta zona a principios del siglo XIX, por la arenisca amarilla que se encuentra a lo largo de las orillas del Río Yellowstone.

En 1871, un equipo de exploradores y científicos viajaron a Yellowstone para documentar sus maravillas en diarios, obras de arte y fotografías. Después de su expedición, convencieron al Congreso de los Estados Unidos de proteger las maravillas de Yellowstone, haciéndolo el primer Parque Nacional de los Estados Unidos. Al año siguiente, el presidente Ulysses S. Grant firmó el acta de Protección del Parque Nacional Yellowstone, declarándolo un parque "para el beneficio y disfrute de los ciudadanos".

UN TESORO NACIONAL

El paisaje sobre el volcán consiste en valles, cañones, lagos, ríos, áreas termales, montañas y bosques.

Gracias a su suelo fértil de ceniza volcánica, el 80% de Yellowstone es un bosque frondoso. La mayoría de los árboles son pinos resistentes al invierno, pero hay algunos árboles de hoja caduca como el álamo temblón. Yellowstone también está cubierto por flores silvestres vibrantes — brochas indias, jacintos silvestres, estrellas fugaces, flores mono amarilla, y epilobios crean un festín para los sentidos. Recoger estas flores silvestres va en contra de las normas del parque, ya que muchas aves y animales se alimentan de sus semillas y bayas.

El diverso hábitat de Yellowstone alberga a una gran variedad de animales salvajes. Aves como las águilas calvas, las águilas pescadoras, los gansos canadienses, los patos de collar, las grullas canadienses, y los carboneros montañeses pueden ser

vistos por todo el parque. Su vasto páramo también es hogar de mamíferos grandes como los lobos grises, los carneros de las rocosas, antílopes americanos, osos pardos, bisontes, uapitíes y alces.

Adicionalmente, Yellowstone alberga a mamíferos más pequeños como tejones, ratones de campo, ardillas rojas, conejos, y marmotas de vientre amarillo. En los lagos y ríos, los visitantes pueden ver castores, nutrias de río, truchas degolladas, pelícanos blancos americanos y cisnes trompeteros. Cuando salgas a explorar la naturaleza, también en los parques nacionales, recuerda que los **ecosistemas** prosperan por sí mismos, y que alimentar animales hace más mal que bien.

El Parque Nacional Yellowstone está abierto todo el año, y cada estación del año tiene una **flora** y **fauna** únicas. Gente de todas partes del mundo vienen a visitar y disfrutar de esta maravilla natural. Para preservar Yellowstone para las futuras generaciones, asegúrate que lo que saques sean solo fotos y lo que dejes, sean solo huellas.

La Liga de Superhéroes de Yellowstone

Cuando Yellowstone se estableció como el primer parque nacional de Estados Unidos, fue dedicado "en beneficio y disfrute de los ciudadanos". Esto sigue siendo verdad, pero para que continúe, nosotros, "los ciudadanos", debemos cuidarlo.

Con cuatro estaciones de igual duración, Yellowstone es uno de los **ecosistemas templados**, casi intacto, más grandes de nuestro planeta. Para protegerlo, necesitamos una liga de superhéroes.

A la cabeza de esta iniciativa están los guardabosques de Estados Unidos, los *U.S. park rangers*. Su trabajo principal es proteger y preservar el territorio y los seres vivos que constituyen Yellowstone. Para garantizar la seguridad de los visitantes, los guardabosques son los responsables de la asistencia médica, operaciones de rescate, la aplicación de la ley y de asegurarse que los visitantes respeten las normas del parque. También disfrutan de la responsabilidad de educar a turistas sobre el pasado, presente y futuro de Yellowstone.

Otro miembro de la liga de superhéroes es el Servicio de Parques Nacionales (*National Park Service* o NPS). Como agencia del gobierno federal, la NPS tiene la difícil tarea de hacer que el parque sea accesible a los visitantes y, a su vez, proteger su frágil ecosistema. La NPS ha colocado pasarelas de madera alrededor de las formaciones hidrotermales para ayudar a los turistas a disfrutar de manera segura de las vistas sin dañar estas áreas. También han diseñado programas para ayudar a proteger a la fauna que está siendo afectada por el **cambio climático**, como es el caso de los osos pardos, bisontes, truchas y cisnes trompeteros.

Los científicos son también superhéroes de Yellowstone. Ellos estudian al supervolcán, las fuentes termales, el **clima**, la flora y fauna para ayudarnos a entender mejor el ecosistema del parque y así poder preservar sus recursos naturales. Los geólogos monitorean constantemente el volcán buscando señales de actividad. Si alguna vez detectaran señales de una posible erupción, cerrarían el parque inmediatamente.

¡LA LIGA DE SUPERHÉROES TE QUIERE RECLUTAR!

Para preservar Yellowstone, debemos convertirnos en guardianes y protectores del parque. Puedes empezar simplemente asumiendo este compromiso con Yellowstone:

"Me comprometo a proteger al Parque Nacional Yellowstone. Actuaré de manera responsable y segura, seré un buen ejemplo para los demás y compartiré mi amor por el parque y todas las cosas que lo hacen tan especial."

GLOSARIO

Ácido sulfúrico – un compuesto químico peligroso que puede romper sustancias duras como el metal o la roca; se encuentra en las aguas termales, ollas de lodo y fumarolas de Yellowstone y huele a huevos podridos.

Caldera – un cráter grande que se forma cuando el volcán erupciona y colapsa sobre sí mismo.

Cambio climático – cambios en las condiciones atmosféricas generales de un área específica en un período de tiempo.

Clima – las condiciones atmosféricas generales de un área específica en un período de tiempo.

Domo resurgente – un abultamiento formado cuando la tierra se eleva por el magma acumulándose por debajo del suelo.

Ecosistema – un área geográfica conformada por seres vivos interactuando los unos con los otros y con su entorno.

Ecosistema templado – un ecosistema con cuatro estaciones, inviernos más fríos y veranos más cálidos.

Erupción – un evento en el cual un volcán explota y expulsa roca fundida, gas caliente y cenizas.

Fauna – la vida animal salvaje de un área geográfica.

Flora – las plantas, árboles, hongos y bacterias de un área geográfica.

Fuentes termales – una piscina natural de agua muy caliente.

Fumarola – una abertura sobre la superficie de un volcán desde donde escapan vapores y gases.

Géiser – una abertura en el suelo que expulsa agua caliente y vapor.

Geólogo – un científico que estudia la Tierra y de lo que está hecha.

Hibernación – un estado inactivo en el cual entran los animales durante el invierno para sobrevivir las temperaturas frías y la falta de alimento.

Hidrotermal – relativa al agua caliente de la corteza terrestre.

Inactivo – no activo en la actualidad, pero que puede volverse activo más tarde.

Invernadero – un recinto hecho de vidro o plástico que atrapa el calor del sol, creando un ambiente que favorece el crecimiento de las plantas.

Magma – roca fundida debajo de la superficie terrestre; cuando el magma fluye fuera de la superficie terrestre se llama lava.

Olla de lodo – una fuente termal llena de lodo.

Pueblos originarios – los primeros pueblos conocidos que vivieron en una región particular.

Punto caliente – un área bajo la capa más externa de la Tierra donde el magma que es más caliente que el magma que lo rodea sube hacia la superficie de la Tierra, resultando en actividad volcánica.

Supervolcán – un volcán que ha tenido una explosión extremadamente grande. Otros supervolcanes incluyen Lago Toba, en Indonesia, Tamu Massif en Japón, y el volcán Taupō en Nueva Zelanda.

Termal – relativo o causado por el calor.

Termófilo – cualquier organismo que se desarrolla bien en un entorno muy caliente.

SOBRE LA AUTORA
Y LA ILUSTRADORA

SUZANNE JACOBS LIPSHAW es una autora de libros infantiles y ex-maestra primaria para necesidades especiales, apasionada por las mentes jóvenes en crecimiento, por comprometer a los lectores y empoderar a los líderes estudiantiles. Madre orgullosa de dos niños ya crecidos, Suzanne vive en Waterford, Michigan, con su esposo y su acompañante peludo en la escritura, Ziggy. Cuando no está ideando proyectos nuevos, la puedes encontrar leyendo, haciendo kayak, senderismo o practicando yoga. Se la puede contactar en Suzanne.Jacobs.Lipshaw@ScienceNaturally.com.

BRIE SCHMIDA es una ilustradora de libros infantiles y artista de desarrollo visual basada en California. Siendo una granjera convertida en artista, siempre se sintió encantada por la naturaleza en todas sus formas. Cuando no está dibujando, la puedes encontrar ordeñando una cabra, leyendo dramas históricos o andando olinas y valles con su infatigable perro, Olive.